Impressum
Verlag: BABADADA GmbH, Nedderfeld 112 , 22529 Hamburg
Geschäftsführer / Verlagsleitung: Harald Hof
Druck: Books on Demand GmbH, In de Tarpen 42, 22848 Norderstedt

Imprint
Publisher: BABADADA GmbH, Nedderfeld 112 , 22529 Hamburg, Germany
Managing Director / Publishing direction: Harald Hof
Print: Books on Demand GmbH, In de Tarpen 42, 22848 Norderstedt

l'école
sekolo

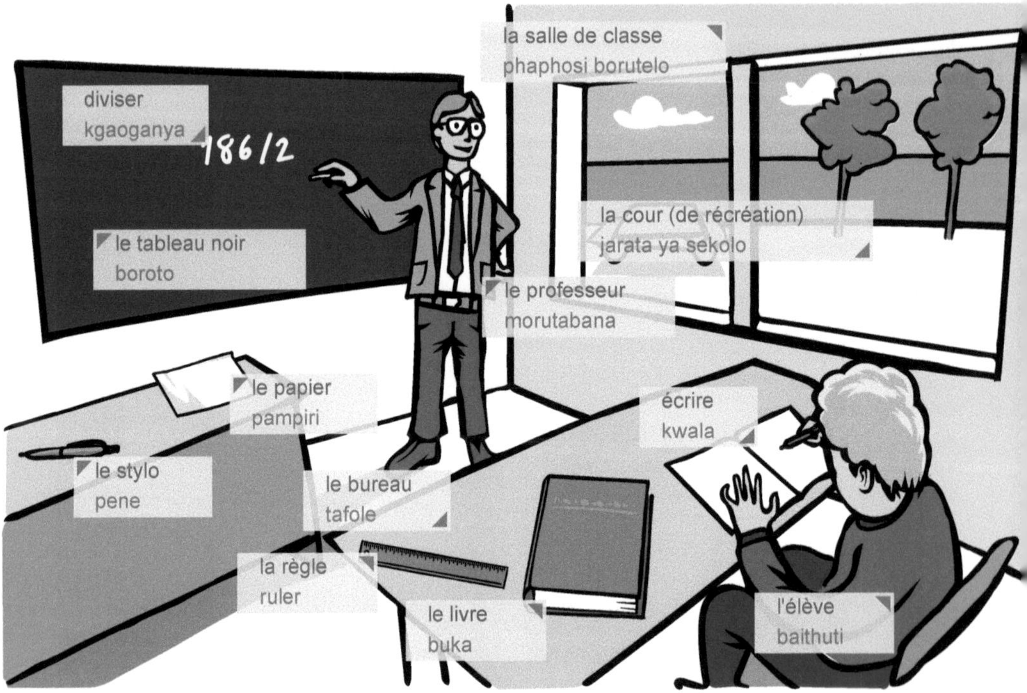

la salle de classe
phaphosi borutelo
diviser
kgaoganya
186/2
le tableau noir
boroto
la cour (de récréation)
jarata ya sekolo
le professeur
morutabana
le papier
pampiri
écrire
kwala
le stylo
pene
le bureau
tafole
la règle
ruler
le livre
buka
l'élève
baithuti

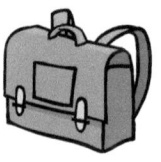

le cartable

kgetsana ya dibuka

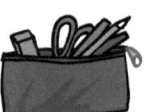

la trousse

setsenya dipensele

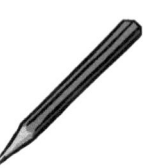

le crayon

pensele

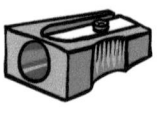

le taille-crayon

seseta pensele

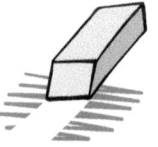

la gomme

sephimola

le carnet à dessin

boto ya go torowa

le dessin

torowa

le pinceau

boratšhe jwa pente

la boîte de peinture

bokose ya pente

les ciseaux

dikere

la colle

sekgomaretsi

le cahier d'exercices

buka ya go kwalela

les devoirs

tirogae

le chiffre

palo

additionner

tlhakanya

soustraire

kgaoganya

multiplier

atisa

calculer

khalkhuleitara

la lettre

lekwalo

l'alphabet

alfabete

le mot

lefoko

le texte

mafoko

lire

bala

la craie

choko

la leçon

thuto

le livre de classe

rejistara

l'examen

tlhatlhobo

le certificat

setifikeiti

l'uniforme scolaire

diaparo tsa sekolo

la formation

thuto

le lexique

encyclopedia

l'université

unibesithi

le microscope

mikoroskoupo

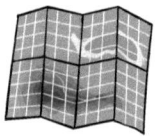

la carte

mmepe

la corbeille à papier

moteme wa dipampiri

le voyage
eta

l'hôtel
hotele
Grand
l'auberge
hosetele
ROOMS
CHANGE
le bureau de change
kantoro ya go fetola madi
la valise
sutukeisi
la voiture
sejanaga

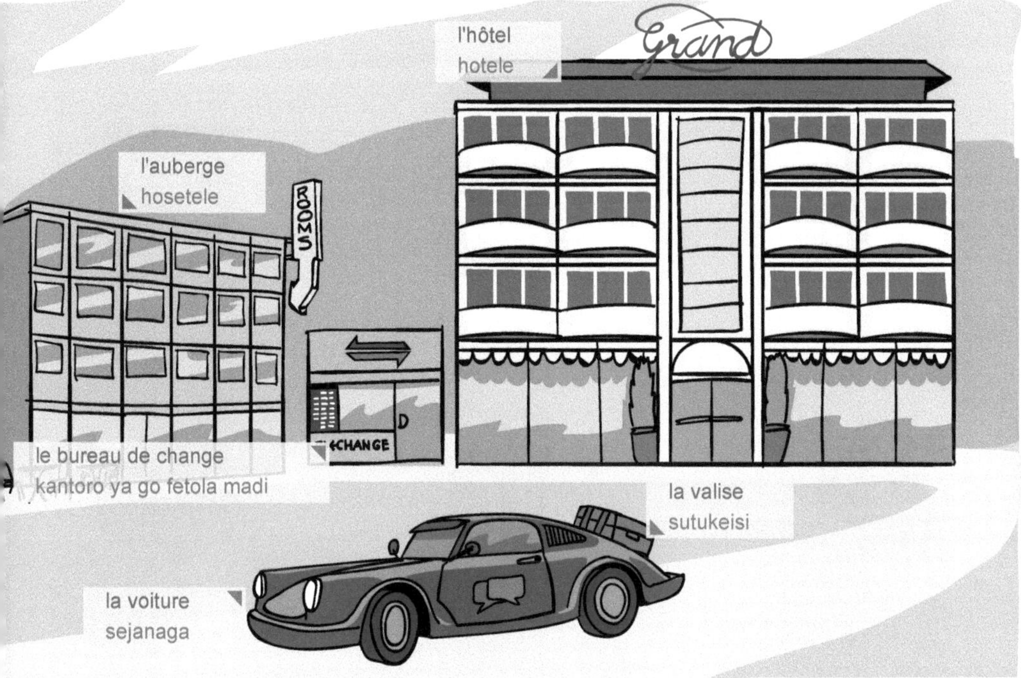

la langue
puo

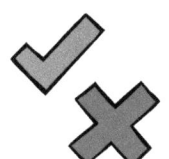

oui / non
ee / nnyaa

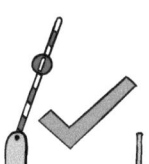

d'accord
Go siame

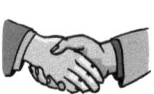

Salut
dumela

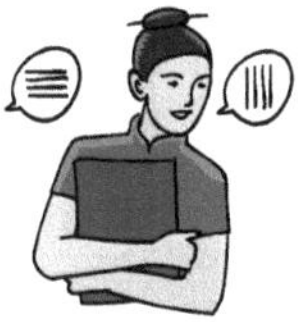

l'interprète
moranodi

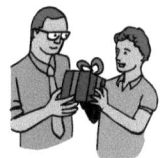

merci
Ke a leboga

Combien coûte...?

ke bokae...?

Je ne comprends pas

ga ke tlhaloganye

le problème

bothata

Bonsoir !

O itumelele bosigo!

Bonjour !

Dumela!

Bonne nuit !

Robala Sentle!

Au revoir

tsamaya sentle

la direction

tsela

les bagages

dithoto

le sac

kgetsi

le sac-à-dos

kgetsi

l'hôte

moeng

la pièce

phaposi

le sac de couchage

kgetsana ya go robalela

la tente

mogope

l'office de tourisme

shedimosetso ya mojanala

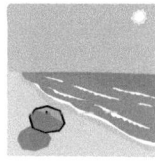

la plage

lewatle

la carte de crédit

karata ya go tsaya sekoloto

le petit-déjeuner

sefitlholo

le déjeuner

dijo tsa motshegare

le dîner

dijo tsa maitsiboa

le billet

tekete

l'ascenseur

lifiti

le timbre

setempe

la frontière

bodara

la douane

dingwao

l'ambassade

embassy

le visa

visa

le passeport

lokwalo itshupo

le transport
sepalangwa

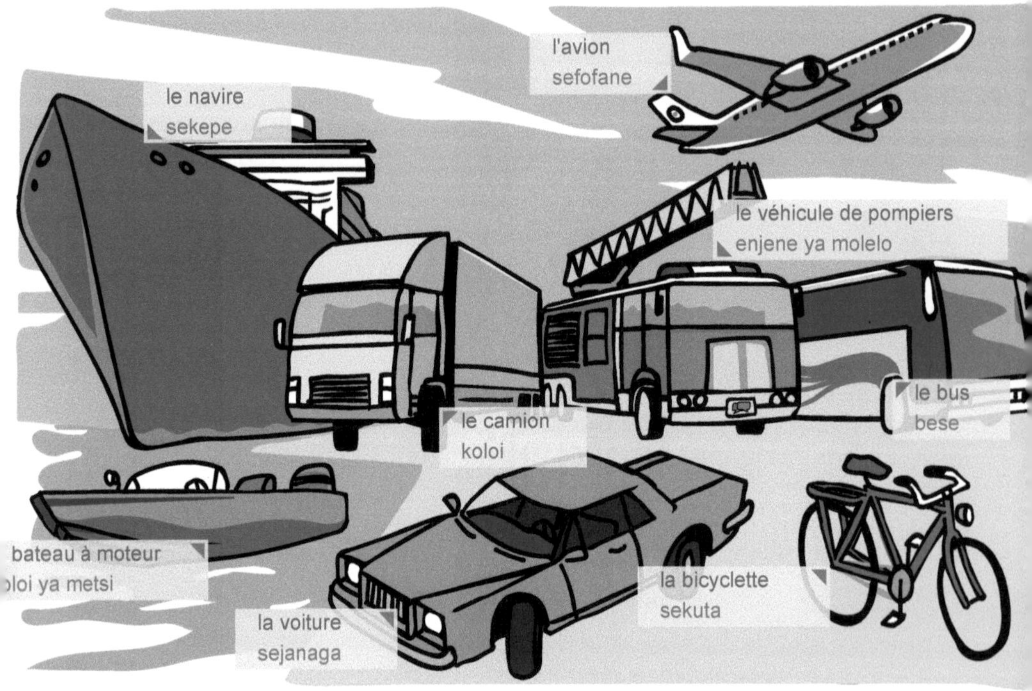
l'avion
sefofane
le navire
sekepe
le véhicule de pompiers
enjene ya molelo
le bus
bese
le camion
koloi
bateau à moteur
loi ya metsi
la bicyclette
sekuta
la voiture
sejanaga

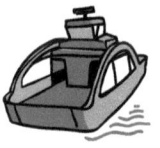

le ferry

feri

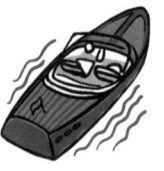

la barque

sekepe

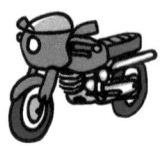

la moto

sethuthuthu

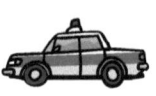

la voiture de police

sejanaga sa mapodisa

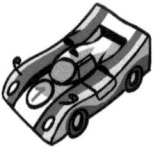

la voiture de course

sejanaga sa lobelo

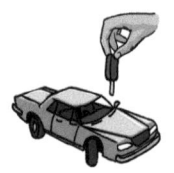

la voiture de location

sejanaga se se hirilweng

l'auto-partage

aroganya sejanaga

la voiture de remorquage

koloi e e gogang dikoloi tse di robegileng

la benne à ordures

koloi e e tsayang matlakala

le moteur

koloi

l'essence

lookwane

la station d'essence

seteišhene sa lookwane

le panneau indicateur

letshwao la pharakano

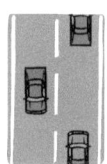

le trafic

pharakano

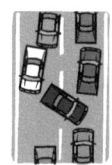

l'embouteillage

pharakano

le parking

lefelo la go emisa koloi

la gare

seteišhene sa terena

les rails

mela

le train

terena

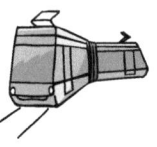

le tramway

tereme

le wagon

kolotsana

l'hélicoptère

sefofane

l'aéroport

boemeladifofane

la tour

tora

le passager

mopalami

le conteneur

sekhafothini

le carton

bokoso

le chariot

karaki

la corbeille

basekete

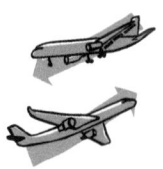

décoller / atterrir

go tsamaya / go fitlha

la ville

toropo

le village

motse

le centre-ville

legare la teropo

la maison

ntlo

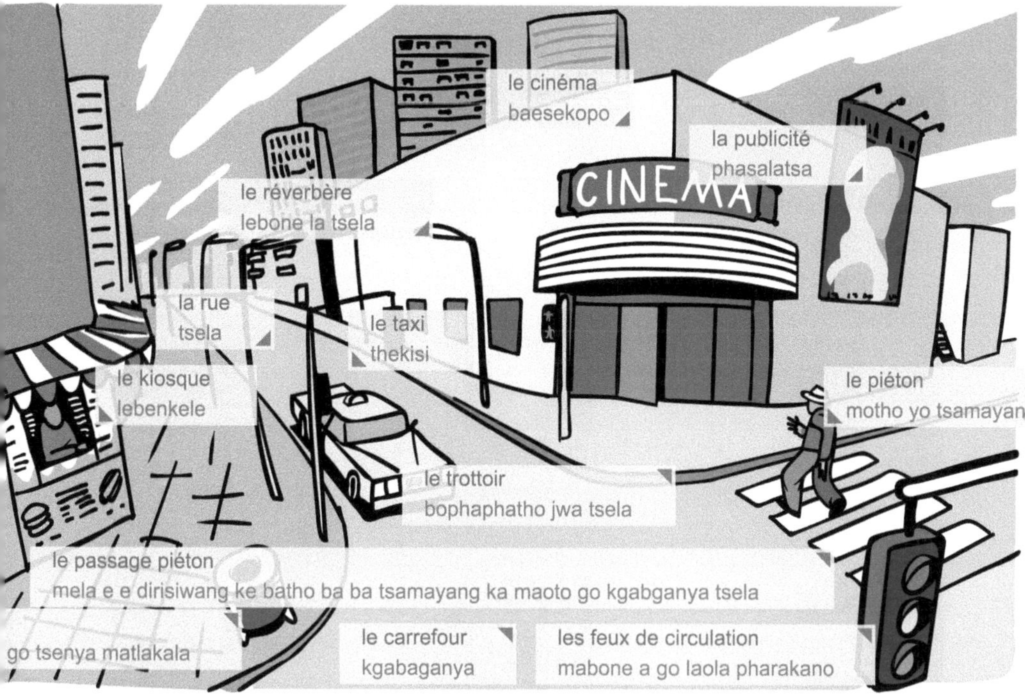

le cinéma
baesekopo

la publicité
phasalatsa

le réverbère
lebone la tsela

CINEMA

la rue
tsela

le taxi
thekisi

le kiosque
lebenkele

le piéton
motho yo tsamayan

le trottoir
bophaphatho jwa tsela

le passage piéton
mela e e dirisiwang ke batho ba ba tsamayang ka maoto go kgabganya tsela

go tsenya matlakala

le carrefour
kgabaganya

les feux de circulation
mabone a go laola pharakano

la cabane
lo e e ruletseng ka bojang

l'appartement
sephara

la gare
seteišhene sa terena

la mairie
ntlolehalahala la toropo

le musée
museamo

l'école
sekolo

l'université

unibesithi

la banque

banka

l'hôpital

sepetlele

l'hôtel

hotele

la pharmacie

lefelo la melemo

le bureau

kantoro

la librairie

lebenkele la dibuka

le magasin

lebenkele

le fleuriste

batho ba ba rekisang malomo

le supermarché

lebenkele

le marché

maraka

le grand magasin

lebenkele la diaparo

la poissonnerie

fishmongers

le centre commercial

moago wa mabenkele a a mantsi

le port

boema dikepe

le parc

serapa

la banque

banka

le pont

borogo

les escaliers

ditepisi

le métro

kwa tlase ga lefatshe

le tunnel

kgogometso

l'arrêt de bus

boemela bese

le bar

bara

le restaurant

lefelo la go jela

la boîte à lettres

lebokose la pose

le panneau indicateur

letshwao la tsela

le parcmètre

mitara wa go emisa koloi

le zoo

lefelo la go bonela
diphologolo

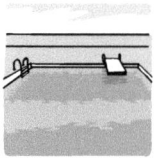

le réverbère

letlodi la go thuma

la mosquée

tempele ya mamoselema

la ferme
polase

la pollution
kgotlelelo

la cimetière
mabitla

l'église
kereke

l'aire de jeux
lefelo la go tshamekela

le temple
temple

le paysage
boago jwa lefelo

la feuille
setlhatsana

le panneau indicateur
matshwao

le chemin
tsela

le pré
ditlhaga

la pierre
letlapa

l'arbre
setlhare

le randonneur
motho yo o tsamayang mo thabeng

la rivière
noka

l'herbe
bojang

la fleur
lelomo

la vallée

mokgatša

la montagne

thatshana

le lac

lekadiba

la forêt

sekgwa

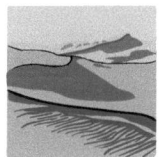

le désert

sekaka

le volcan

lekgwamolelo

le château

khasele

l'arc-en-ciel

motshe wa badimo

le champignon

leboa

le palmier

mokolana

le moustique

montsane

la mouche

tshenekegi

les fourmis

tshoswane

l'abeille

notshi

l'araignée

segokgo

le coléoptère

khukhwana

la grenouille

segwagwa

l'écureuil

mosha

le hérisson

noko

le lièvre

mmutla

la chouette

morubisi

l'oiseau

nonyane

le cygne

pidipidi

le sanglier

dikolobe tsa naga

le cerf

kgokong

l'élan

moose

le barrage

letamo

l'éolienne

sefetlhaphefo

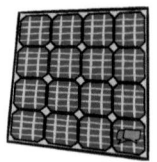

le panneau solaire

motlakase o o dirilweng ka
letsatsi

le climat

loapi

le restaurant
lefelo la go jela

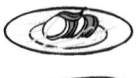

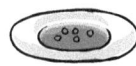

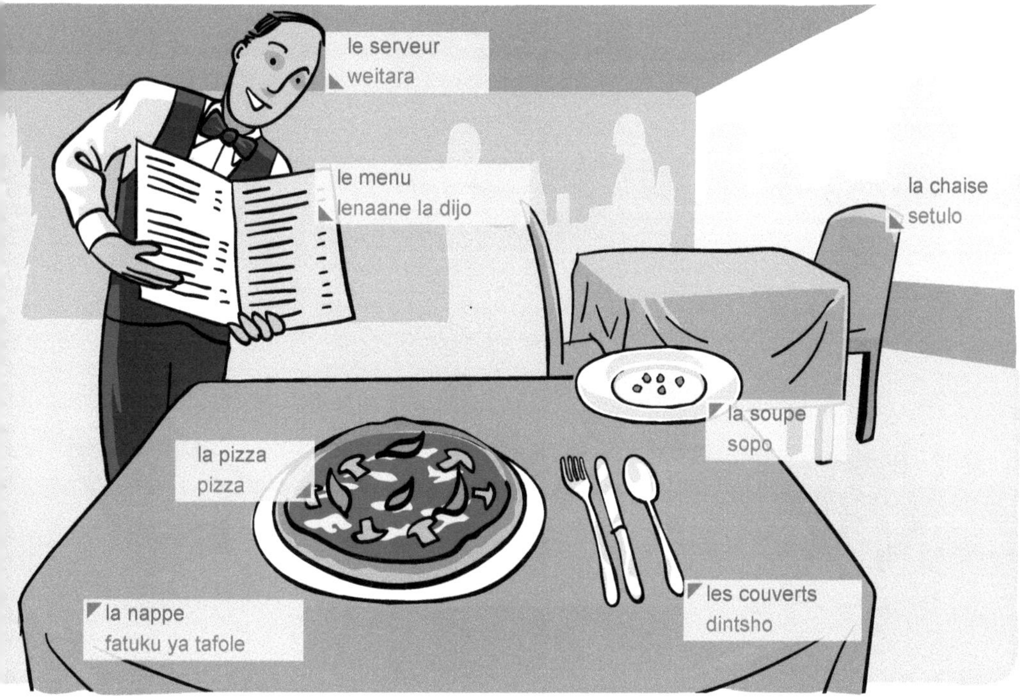
le serveur
weitara
le menu
lenaane la dijo
la chaise
setulo
la soupe
sopo
la pizza
pizza
les couverts
dintsho
la nappe
fatuku ya tafole

les hors d'œuvre
sejo sa ntlha

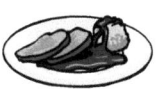

le plat principal
sejo sa bobedi

le dessert
dijo tse di naleng sukiri

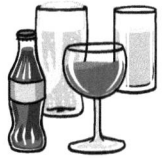

les boissons
dino

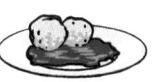

l'alimentation
dijo

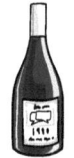

la bouteille
botlolo

le fast-food

dijo tsa mo strateng

les plats à emporter

dijo tsa seterata

la théière

ketlele ya tee

le sucrier

sejana sa go tsenya sukiri

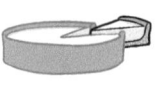

la portion

karolo

la machine à expresso

motšhini wa espresso

la chaise haute

setulo se se kwa godimo

la facture

tshupamolato

le plateau

terei

le couteau

thipa

la fourchette

forotlho

la cuillère

liso

la cuillère à thé

leswana

la serviette

lesela la go iphimola

le verre

galase

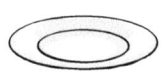

l'assiette
poleiti

l'assiette à soupe
poleiti ya sopo

la soucoupe
sosara

la sauce
sopo

la salière
sejana sa letswai

le moulin à poivre
sesila pepere

le vinaigre
aseini

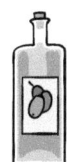

l'huile
oli

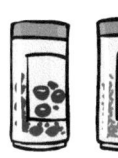

les épices
ditswaiso

le ketchup
tamati souso

la moutarde
masetete

la mayonnaise
mayonaese

le supermarché
lebenkele

l'offre promotionnelle
sesolo se se kgethegileng
FOR
le client
moreki
les produits laitiers
dilwana tsa mašwi
les fruits
leungo
le chariot
teroli

BUTCHERS

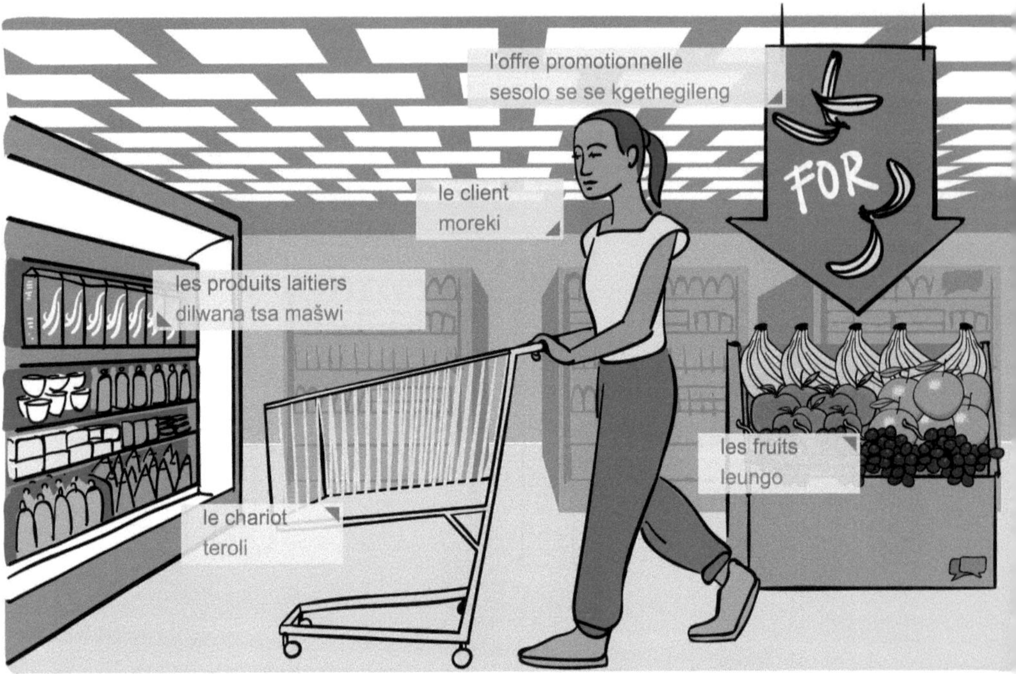

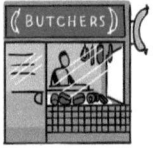

la boucherie

batho ba ba segang nama

BAKERY

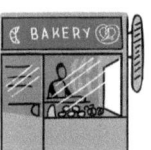

la boulangerie

babaki

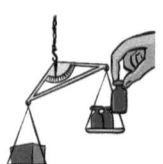

peser

boima

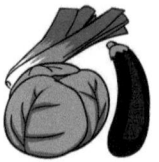

les légumes

merogo

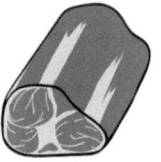

la viande

nama

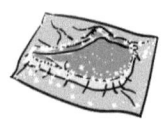

les aliments surgelés

dijo tse di aesitsweng

la charcuterie

nama e e sa tlhokeng go apewa

les conserves

dijo tsa thini

la poudre à lessive

molora o o tlhatswang

les bonbons

dimonamone

les articles ménagers

dilwana tsa ntlo

les détergents

dilwana tsa go phepafatsa

la vendeuse

morekisi

la caisse

motšhini wa madi

le caissier

morekisi

la liste d'achats

lennane la go reka

les heures d'ouverture

diura tsa go bula

le portefeuille

sepatšhe

la carte de crédit

arata ya go tsaya sekoloto

le sac

kgetsi

le sac en plastique

kgetsi ya polasetiki

l'eau

metsi

le jus de fruit

jusi

le lait

mašwi

le coca

khouku

le vin

beine

la bière

biri

l'alcool

bojalwa

le chocolat chaud

khoukhou

le thé

tee

le café

kofi

l'expresso

esepereso

le cappuccino

cappuccino

la banane

panana

la pomme

apole

l'orange

namune

le melon

legapu

le citron.

surunamune

la carotte

segwete

l'ail

konofole

le bambou

lotlhaka lwa bampuse

l'oignon

eie

le champignon

mabowa

les noisettes

manoko

les pâtes

di-noodles

les spaghetti

sepagethi

le riz

raese

la salade

salate

les pommes frites

ditšhipisi

les pommes de terre rôties

ditapole tse di gadikilweng

la pizza

pizza

le hamburger

hamburger

le sandwich

borotho jo bo tlapisitsweng

l'escalope

nama e e gadikilweng

le jambon

nama ya kolobe

le salami

salami

la saucisse

boroso

le poulet

koko

le rôti

gadika

le poisson

tlhapi

les flocons d'avoine

bogobe jwa outse

le muesli

muesli

les cornflakes

cornflakes

la farine

bupi

le croissant

croissante

les petits-pains

banse

le pain

borotho

le pain grillé

borotho jo bo besitsweng

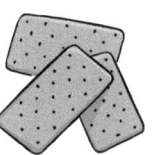

les biscuits

bisikiti

le beurre

botoro

le fromage blanc

tšhisi

le gâteau

kuku

l'œuf

lee

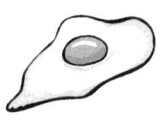

l'œuf au plat

lee le le gadikilweng

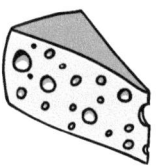

le fromage

kase

la glace

aesekirimi

le sucre

sukiri

le miel

mamepe a dinotshe

la confiture

jeme

la crème nougat

chokolete e e tshasiwang

le curry

khari

la ferme
polase

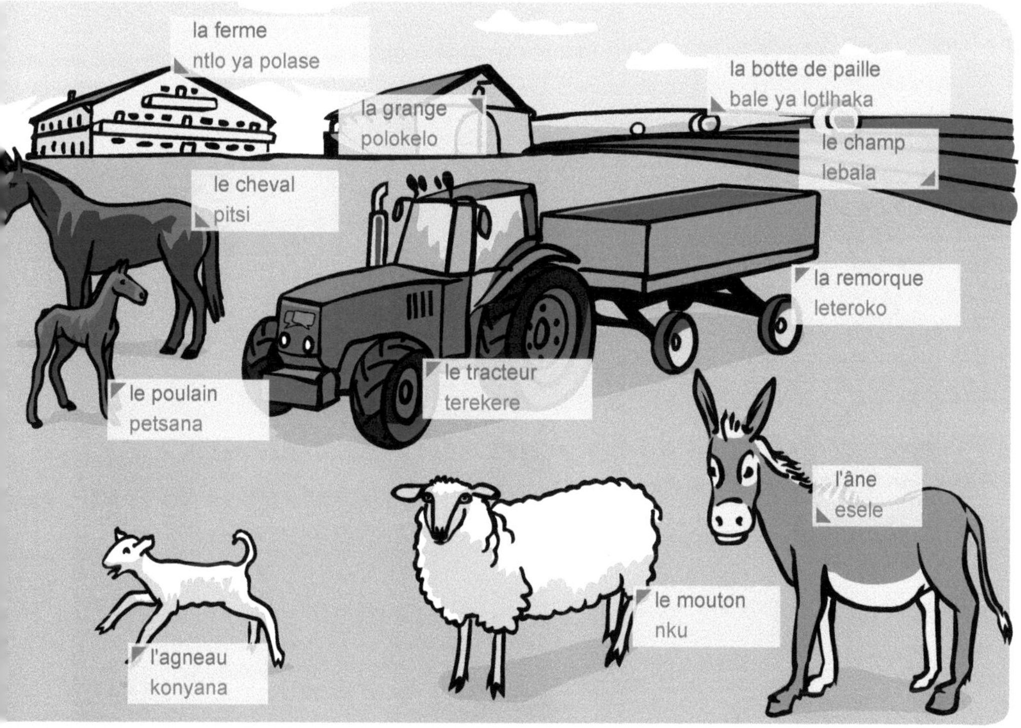
la ferme
ntlo ya polase
la botte de paille
bale ya lotlhaka
la grange
polokelo
le champ
lebala
le cheval
pitsi
la remorque
leteroko
le tracteur
terekere
le poulain
petsana
l'âne
esele
le mouton
nku
l'agneau
konyana

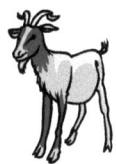

la chèvre
pudi

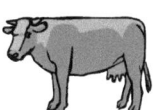

la vache
kgomo

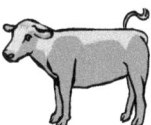

le veau
namane

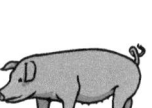

le porc
kolobe

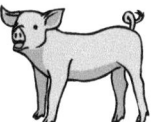

le porcelet
kolojane

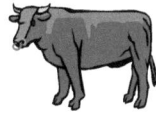

le taureau
poo

l'oie

ganse

le canard

pidipidi

le poussin

kokwanyana

la poule

mokoko

le coq

mokoko

le rat

peba

le chat

katse

la souris

peba

le bœuf

kgomo

le chien

ntša

le chenil

ntlo ya ntša

le tuyau de jardin

lethompo la tshingwana

l'arrosoir

tanka ya go nosetsa

la faucheuse

disekele tsa tshipi

la charrue

lema

la faucille

disekele

la pioche

setlhagola

la fourche

foroko ya go peta

la hache

selepe

la brouette

kiribae

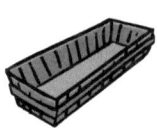

la cuve

bonwelo

le pot à lait

mašwi a a moteng ga moteme

le sac

kgetsana

la clôture

legora

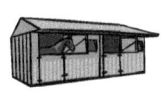

l'étable

tsepame

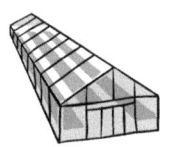

le serre

lefelo la go godisa dijalo

le sol

mmu

les semences

peo

l'engrais

menyoro

la moissonneuse-batteuse

thobo e e kopaneng

récolter

thobo

la récolte

thobo

l'igname

di-yam

le blé

korong

le soja

soya

la pomme de terre

tapole

le maïs

korong

le colza

disonobolomo

l'arbre fruitier

setlhare sa maungo

le manioc

cassava

les céréales

dijo tsa phakela

la maison

ntlo

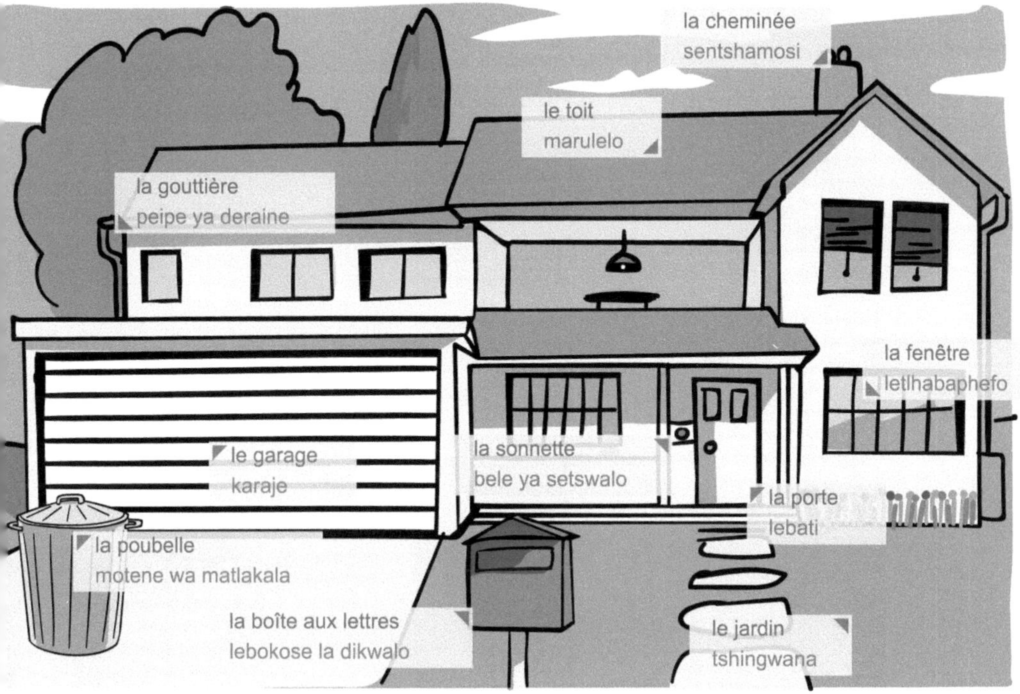
la cheminée
sentshamosi
le toit
marulelo
la gouttière
peipe ya deraine
la fenêtre
letlhabaphefo
le garage
karaje
la sonnette
bele ya setswalo
la porte
lebati
la poubelle
motene wa matlakala
la boîte aux lettres
lebokose la dikwalo
le jardin
tshingwana

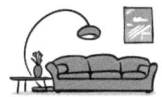

le salon

phaposi ya bodulo

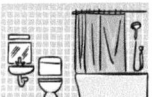

la salle de bain

phaposi ya go tlhapela

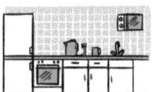

la cuisine

boapeelo

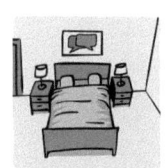

la chambre à coucher

phaposi ya borobalo

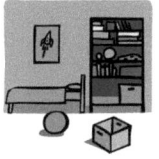

la chambre d'enfant

phaposi ya bana

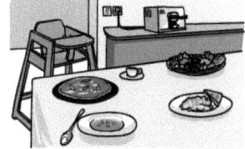

la salle à manger

phaposi ya bojelo

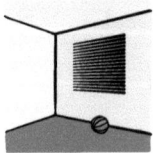

le sol
....
mo fatshe

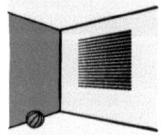

le mur
....
lebota

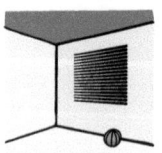

le plafond
....
siling

la cave
....
mabolokelo

le sauna
....
se futhumatsa mmele

le balcon
....
mokatako

la terrasse
....
mokgekolosa

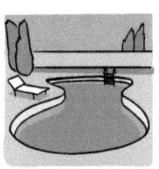

la piscine
....
makadiba

la tondeuse à gazon
....
sedirisiwa sa go sega
bojang

la housse
....
lakane

la couette
....
kobo

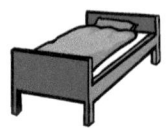

le lit
....
bolao

le balai
....
lefielo

le sceau
....
kgamelo

l'interrupteur
....
switch

le salon

phaposi ya bodulo

le papier peint
pampiri e e kgabisng lebota
l'image
setshwantsho
la lampe
lobone
l'étagère
raka
l'armoire
raka
la télé
thelebishene
la cheminée
iso
la fleur
lelomo
le coussin
mosamo
le sofa
soufa
le vase
setsenya malomo
la télécommande
selaola thelebishene o le kgakala le yone

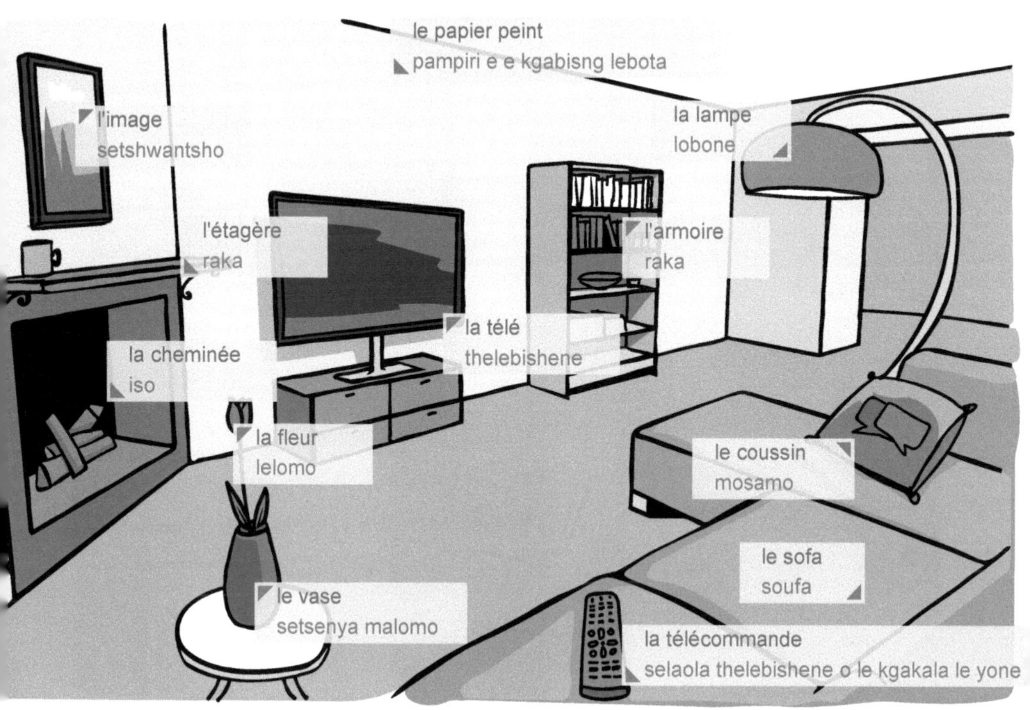

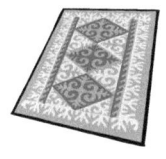

le tapis

mmetshe

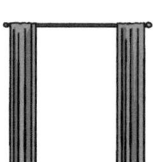

le rideau

garetene

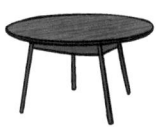

la table

tafole

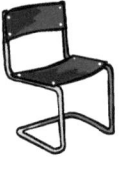

la chaise

setulo

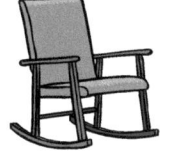

la chaise à bascule

setulo se se binang

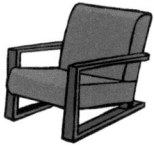

le fauteuil

setulo se se naleng boikego

le livre

buka

la couverture

kobo

la décoration

mokgabiso

le bois de chauffage

dikgong tsa molelo

le film

filimi

la chaîne hi-fi

hi-fi ya go letsa

la clé

selotlolo

le journal

lokwalodikgang

la peinture

setshwantsho se se
dirilweng ka pente

le poster

pampiri ya go phasalatsa

la radio

seyalemowa

le bloc-notes

buka ya dintla

l'aspirateur

huvara

le cactus

motoroko

la bougie

kerese

la cuisine
boapeelo

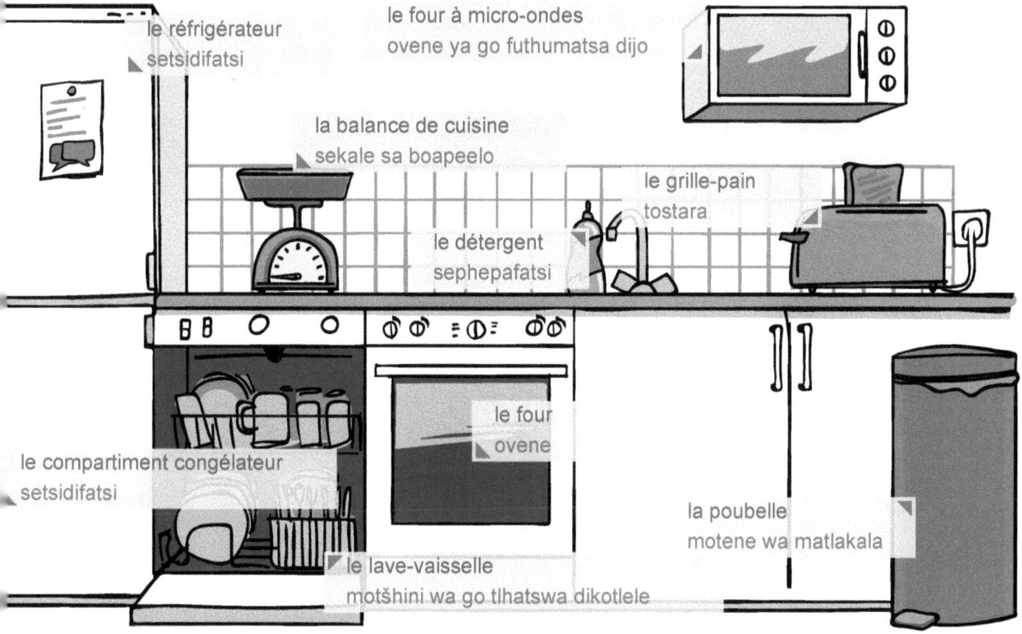
le réfrigérateur
setsidifatsi
le four à micro-ondes
ovene ya go futhumatsa dijo
la balance de cuisine
sekale sa boapeelo
le grille-pain
tostara
le détergent
sephepafatsi
le four
ovene
le compartiment congélateur
setsidifatsi
la poubelle
motene wa matlakala
le lave-vaisselle
motšhini wa go tlhatswa dikotlele

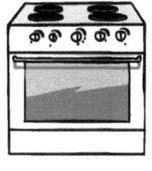

le four

moapei

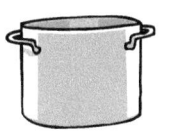

la casserole

pitsa

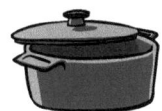

la marmite

pitsa ya tshipi

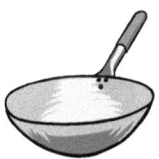

le wok / kadai

wok / kadai

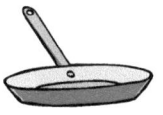

la poêle

pane

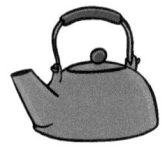

la bouilloire electrique

ketlele

le cuiseur vapeur

sefuthumatsi

la plaque de cuisson

terei ya go baka

la vaisselle

dintsho

le gobelet

kopi

la coupe

sejana

les baguettes

thobane ya go rema

la louche

thoka

la spatule

sepatšhula

le fouet

wiskara

la passoire

setereinara

le tamis

setlhotlhi

la râpe

greitara

le mortier

kika

le barbecue

nama ya kgomo

la cheminée

molelo o o mopepeneneg

la planche à découper

boroto ya go segela

le rouleau à pâtisserie

rolara

le tire-bouchon

sebula dibotlolo tsa beine

la boîte

moteme

l'ouvre-boîte

sebula moteme

les maniques

setshwari sa pitsa

le lavabo

sinki

la brosse

boratšhe

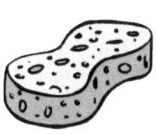

l'éponge

sepontšhe

le mixeur

etlhakanya dijo / maungo

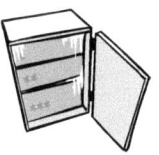

le congélateur

setsidifatsi

le biberon

botlole ya ngwana

le robinet

tepe

la salle de bain
phaposi ya go tlhapela

le chauffage
thutafatsa
la douche
shawara
la serviette
toulo
le rideau de douche
garetene ya shawara
le bain moussant
setshelo sa go dira dibabole mo bateng
la baignoire
bata
le verre
galase
la machine à laver
setlhatswa diaparo
le robinet
tepe
le carrelage
dithaele
le pot
poti
le lavabo
sinki

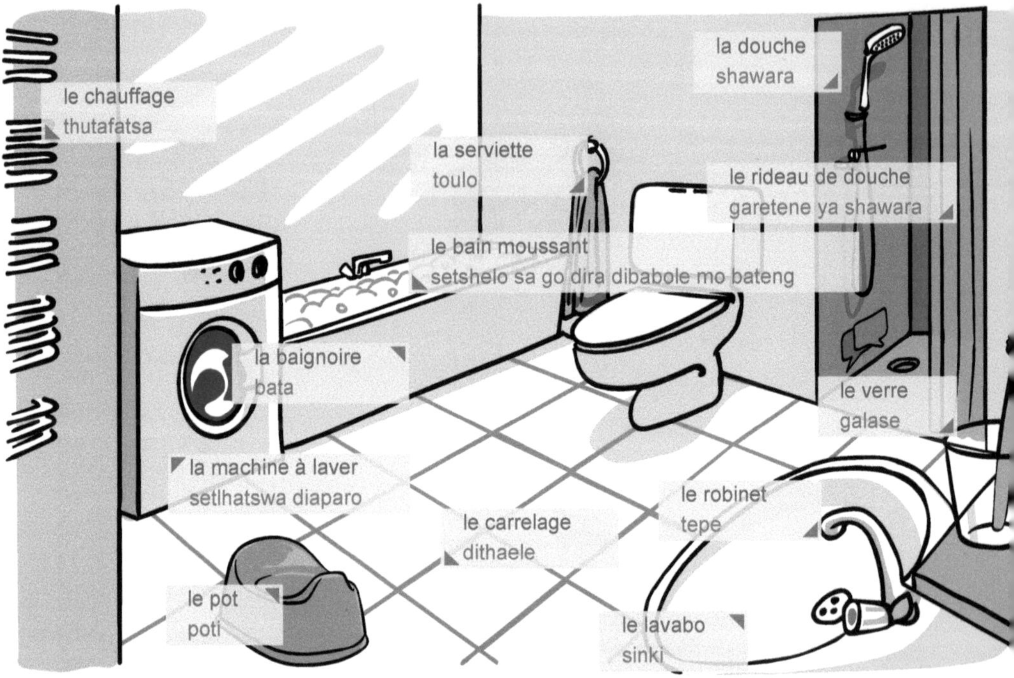

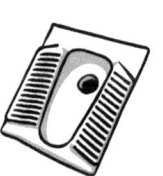

les toilettes

ntlwana

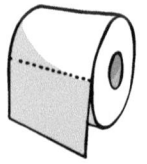

la toilette à la turque

ntlwana ya go kotama

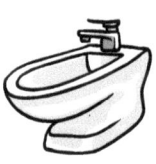

le bidet

bidete

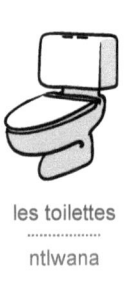

l'urinoir

moroto

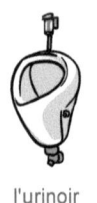

le papier toilette

pampiri ya boithomelo

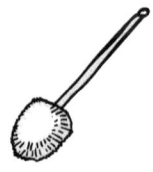

la brosse à toilette

boratšhe jwa ntlwana

la brosse à dents

boratšhe jwa meno

le dentifrice

sesepa sa meno

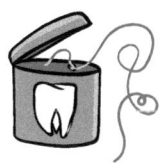

le fil dentaire

tlhale ya go phepafatsa meno

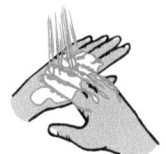

laver

tlhatswa

la douche manuelle

shawara ya go itshwarela

la douche intime

senkgisa monate

la vasque

beisini

la brosse dorsale

boratšhe jwa mokwatla

le savon

sesepa

le gel douche

jele ya shawara

le shampooing

setlhapisa moriri

le gant de toilette

folanele

l'écoulement

mosele

la crème

setlolo

le déodorant

senkgamonate

le miroir

seipone

le miroir cosmétique

seipone sa go itshwarela

le rasoir

legare

la mousse à raser

foumu ya go ntsha moriri

l'après-rasage

foumu ya fa o fetsa go
ntsha moriri

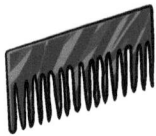

la peigne

kama

la brosse

boratšhe

le sèche-cheveux

seomisa moriri

la laque pour cheveux

seporei sa moriri

le fond de teint

seitlole sa sefatlhego

le rouge à lèvres

setlolo sa molomo

le vernis à ongles

pente ya dinala

l'ouate

boboa

le coupe-ongles

sekere sa dinala

le parfum

leokwane le le nkgang
monate

la trousse de toilette

kgetsana ya go tlhatswa

le tabouret

setulo

le pèse-personne

sekale sa go lekanya

le peignoir

seaparo sa botlhapelo

les gants de nettoyage

ditlelafo tsa rekere

le tampon

tempone

es serviettes hygiéniques

edirisiwa sa basadi ba ba
mo kgweding

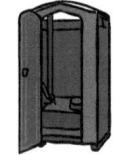

la toilette chimique

ntlwana ya khemikhale

la chambre d'enfant
phaposi ya bana

le réveil
tshupanako ya alamo
le doudou
mpopi wa go tlamparela
la voiture jouet
koloi e e tshamekang
le hochet
setšhakgatšhakga
la maison de poupée
ntlo ya dipompi
le cadeau
poresente

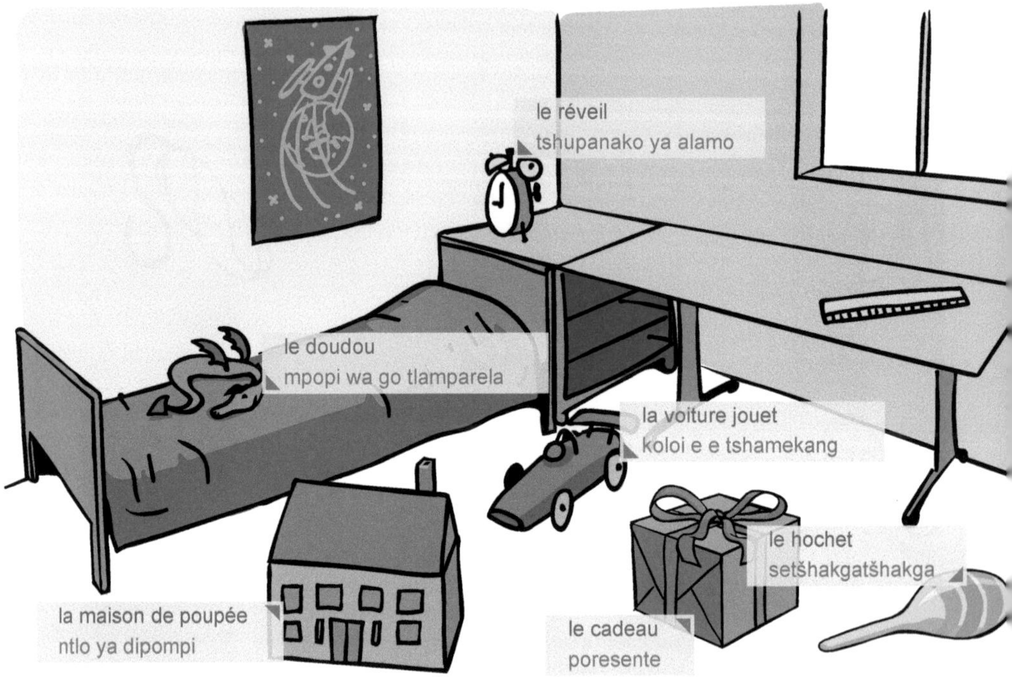

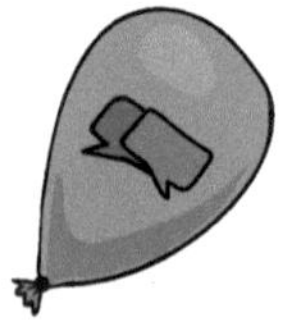

le ballon
baluni

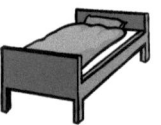

le lit
bolao

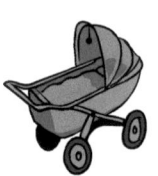

la poussette
porema

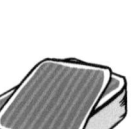

le jeu de cartes
deck of cards

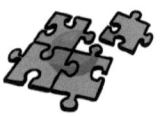

le puzzle
saga ya motlakase

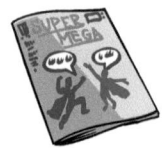

la bande dessinée
buka ya ditshegisi

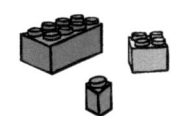

les pièces lego

matlapa a go tshameka

les blocs de construction

diboloko tse di tshamekang

la figurine

setshwantsho sa motho

la grenouillère

seaparo sa lesea

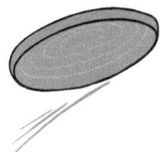

le frisbee

Frisbee

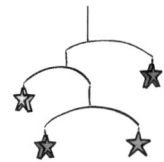

le mobile

selo sa go letsa mmino mo ditsebeng

le jeu de société

motshameko wa boroto

le dé

daese

le train miniature

terena

la sucette

tami

la fête

moletlo

le livre d'images

buka ya ditshwantsho

la balle

bolo

la poupée

mpopi

jouer

tshameka

le bac à sable

lebala le le naleng santa

la balançoire

moswinki

les jouets

ditshamekisi tsa bana

la console de jeu

motshameko wa dibidio

le tricycle

baesekele ya maotwana a a mararo

l'ours en peluche

bera e e diretsweng go tshamekisa bana

l'armoire

raka ya go baya diaparo

les vêtements

seaparo

les chaussettes

dikausu

les bas

dikausu tsa basadi

le collant

dithaetse

l'écharpe
sekhafo

le parapluie
sekhukhu

le t-shirt
sekipa

la ceinture
lebante

les bottes
dibutshi

les pantoufles
disilipara

les baskets
diteki

les sandales
dimphatšhane

les chaussures
ditlhako

les bottes de caoutchouc
dibutshi tsa rekere

les sous-vêtements
borukgwe jwa kwateng

le soutien-gorge
boraa

le maillot de corps
besete

le body
mmele

le pantalon
borukgwe

le jean
bokate

la jupe
sekete

le chemisier
bolaose

la chemise
hempe

le pull
jeresi e e senang matsogo

le sweat à capuche
jakete e e enaleng hutshe

la veste
boleisara

la veste
jakete

le manteau
jase

l'imperméable
jase ya pula

le costume
khosetjhumo

la robe
mosese

la robe de mariée
mosese wa lenyalo

les vêtements - seaparo

le costume
sutu

la chemise de nuit
seaparo sa bosigo

le pyjama
diaparo tsa go robala

le sari
sari

le foulard
sekhafa sa tlhogo

le turban
turban

la burqa
burqa

le caftan
kaftan

l'abaya
abaya

le maillot de bain
seaparo sa go thuma

le maillot de bain
diteranka

le short
borukgwe jo bo khutshwane

a tenue d'entraînement
terekesutu

le tablier
seaparo sa go phephafatsa

les gants
ditlelafo

le bouton

talama

les lunettes

diborele

le bracelet

sebaga

le collier

sebaga sa mo thamong

la bague

palamonwana

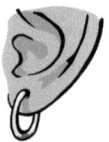

la boucle d'oreille

lengena

le bonnet

kepisi

le cintre

sepega baki

le chapeau

hutshe

la cravate

tae

la fermeture éclair

zepe

le casque

hutshe ya sethuthuthu

les bretelles

ditrata tsa meno

l'uniforme scolaire

diaparo tsa sekolo

l'uniforme

diaparo tsa mmereko /
diaparo tsa sekolo

le bavoir
bebe

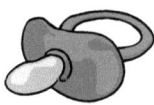

la sucette
tami

la lange
mongato

le bureau
kantoro

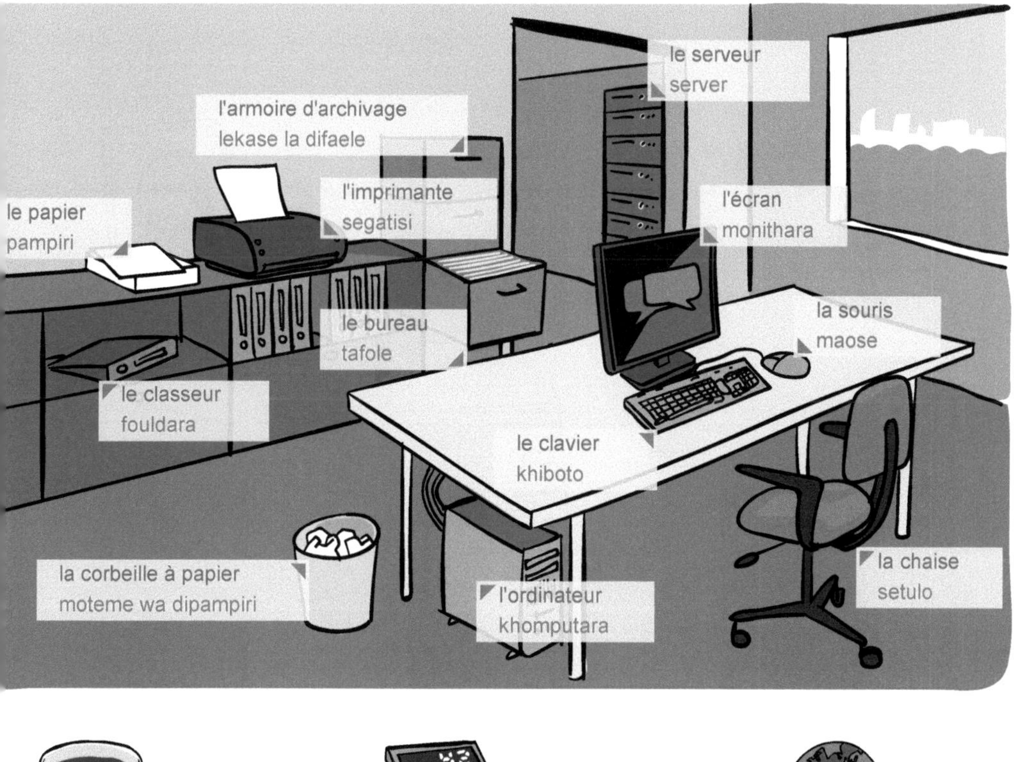

le serveur
server

l'armoire d'archivage
lekase la difaele

l'imprimante
segatisi

l'écran
monithara

le papier
pampiri

la souris
maose

le bureau
tafole

le classeur
fouldara

le clavier
khiboto

la corbeille à papier
moteme wa dipampiri

l'ordinateur
khomputara

la chaise
setulo

la tasse de café
kopi

la calculatrice
khalkhuleitara

l'internet
inthanete

l'ordinateur portable

lapothopo

la lettre

lekwalo

le message

molaetsa

le portable

mogala wa letheka

le réseau

kgolagano ya megala

la photocopieuse

segatisa dipampiri

le logiciel

software

le téléphone

mogala

la prise

sokete ya polaka

le fax

motšhini wa fekese

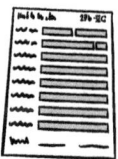

le formulaire

foromo

le document

setlankana

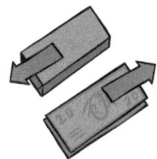

acheter

reka

payer

patela

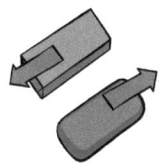

faire du commerce

rekisa

la monnàie

madi / tšhelete

le dollar

dolara

l'euro

euro

le yen

yen

le rouble

roubele

le franc suisse

swiss franc

le renminbi yuan

renminbi yuan

la roupie

rupee

le distributeur automatique

lefelo la madi

le bureau de change

kantoro ya go fetola madi

l'or

gauta

l'argent

selefera

le pétrole

oli

l'énergie

maatla

le prix

tlhwatlhwa

le contrat

konteraka

la taxe

lekgetho

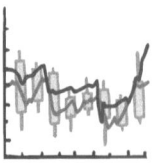

l'action

setoko

travailler

dira

l'employé

mothapiwa

l'employeur

mothapi

l'usine

bodirelo

le magasin

lebenkele

les professions
maemo

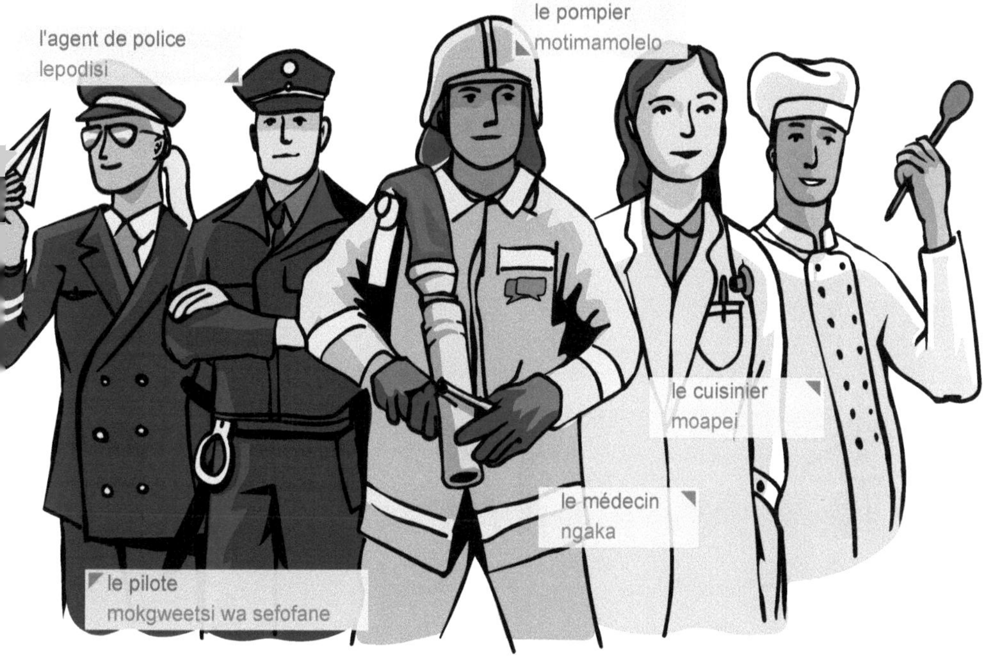
le pompier
motimamolelo
l'agent de police
lepodisi
le cuisinier
moapei
le médecin
ngaka
le pilote
mokgweetsi wa sefofane

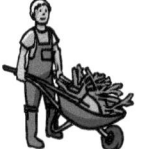

le jardinier

ratshingwana

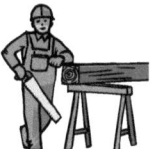

le menuisier

mmetli wa dikgong

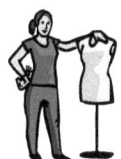

la couturière

moroki

le juge

moatlhodi

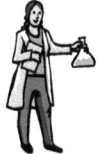

le chimiste

moitse wa melemo

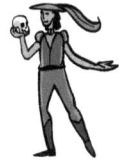

l'acteur

modiragatsi

le conducteur de bus

mokgweetsi wa bese

le chauffeur de taxi

mokgweetsi wa tekisi

le pêcheur

motshwari wa ditlhapi

la femme de ménage

Mme yo o phepafatsang

le couvreur

moruledi

le serveur

weitara

le chasseur

motsumi

le peintre

motaki

le boulanger

mmesi wa senkgwe

l'électricien

ramotlakase

l'ouvrier

moagi

l'ingénieur

moenjenere

le boucher

mosegi wa nama

le plombier

motsenyi wa diphaepe tsa metsi

le facteur

motsamaisa poso

le soldat

leshole

l'architecte

modiri wa dipolane

le caissier

morekisi

le fleuriste

morekisi wa malomo

le coiffeur

mokgabisamoriri

le contrôleur

kondactara

le mécanicien

mokheneke

le capitaine

mokapeteine

le dentiste

ngaka ya meno

le scientifique

Rasaense

le rabbin

moruti

l'imam

imam

le moine

moitlami

le prêtre

moruti

les outils
didiriswa

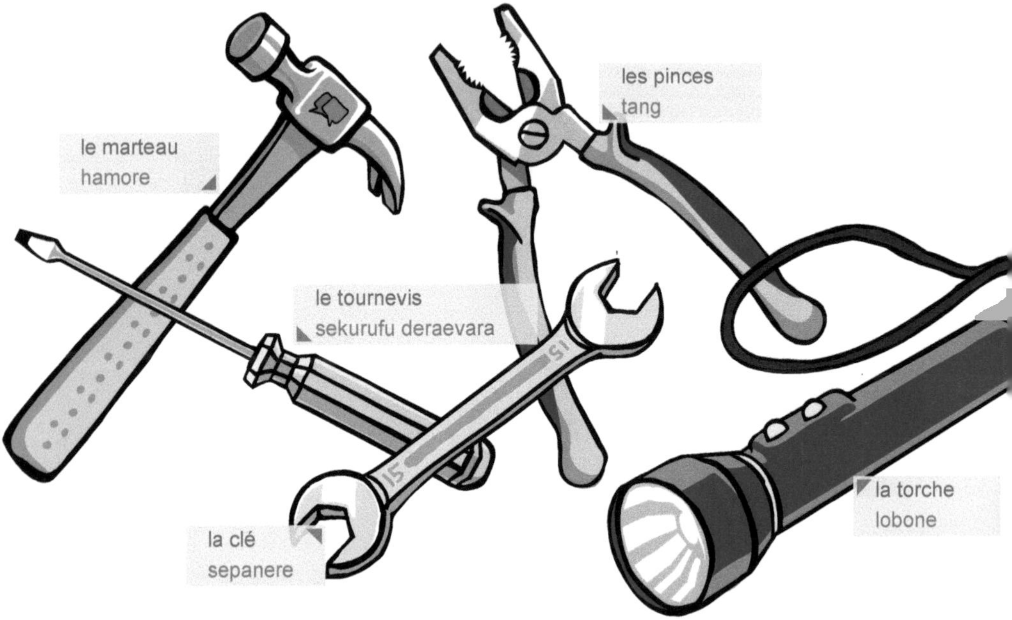
le marteau
hamore
les pinces
tang
le tournevis
sekurufu deraevara
la clé
sepanere
la torche
lobone

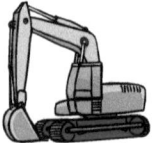

la pelleteuse

moepi

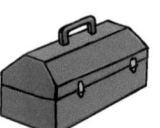

la boîte à outils

bokoso ya didirisiwa

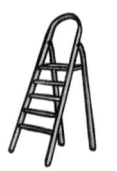

l'échelle

lere

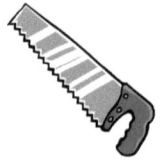

la scie

saga

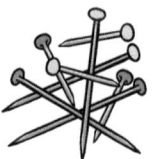

les clous

dipekere

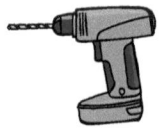

la perceuse

sebori

réparer

baakanya

la pelle

garawe

Mince !

ijaa!

la pelle

seolela matlakala

le pot de peinture

pitsa ya pente

les vis

sekurufu

les instruments de musique
didirisiwa tsa mmino

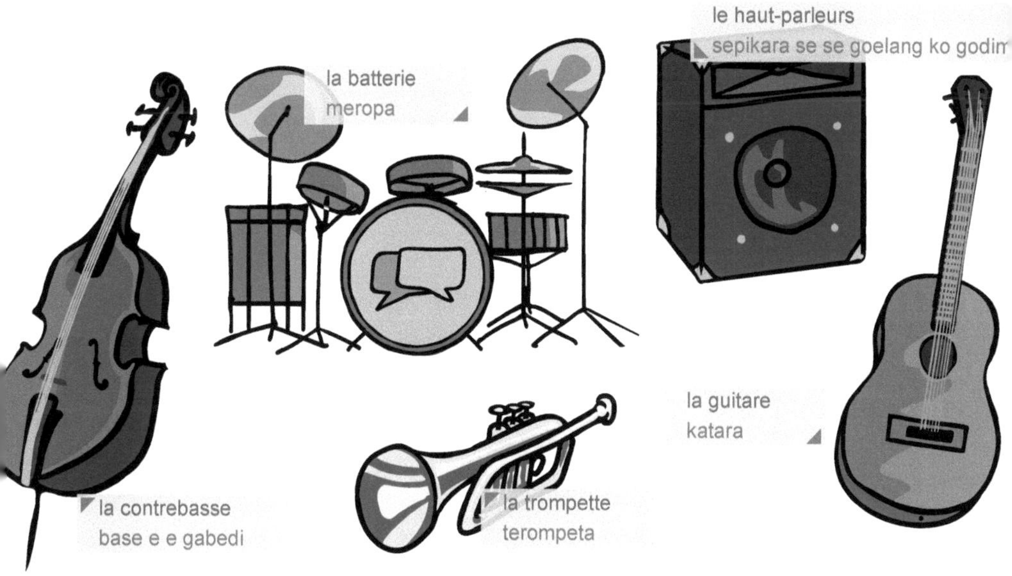

le haut-parleurs
sepikara se se goelang ko godin

la batterie
meropa

la guitare
katara

la contrebasse
base e e gabedi

la trompette
terompeta

le piano

piano

le violon

bayolini

la basse

base

les timbales

timpane

le tambour

meropa

le piano électrique

khiboto

le saxophone

sekesofone

la flûte

phala

le microphone

sebuela godimo

le zoo

lefelo la go bonela diphologolo

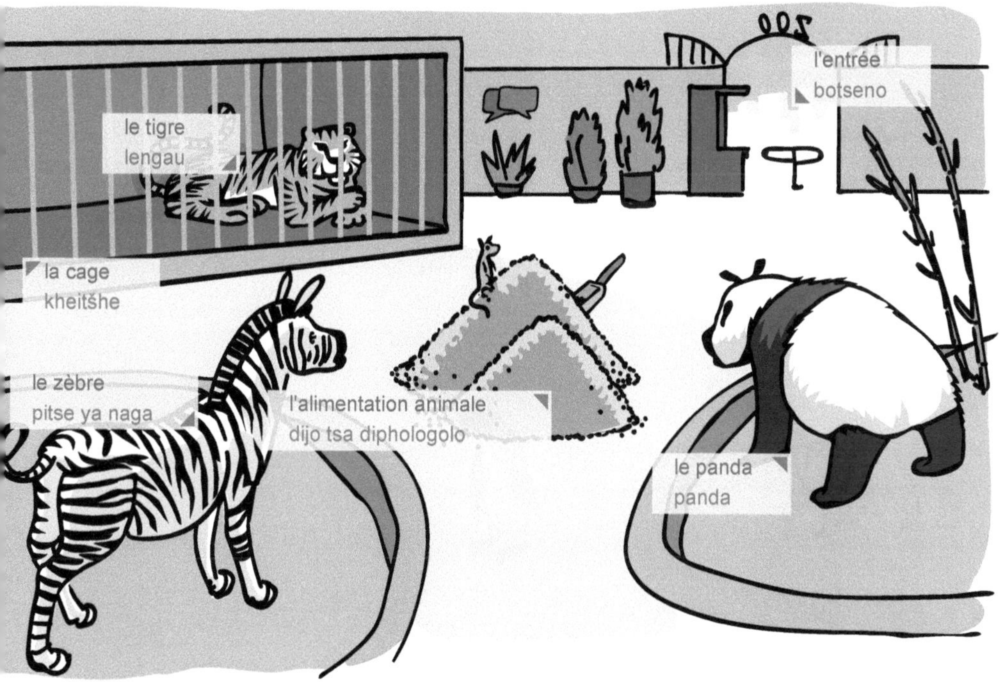
zoo
l'entrée
botseno
le tigre
lengau
la cage
kheitšhe
le zèbre
pitse ya naga
l'alimentation animale
dijo tsa diphologolo
le panda
panda

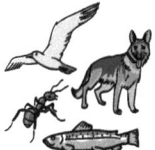

les animaux

diphologolo

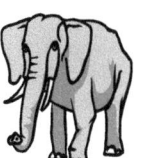

l'éléphant

tlou

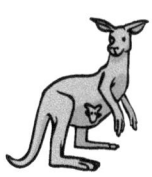

le kangourou

dikhankaruu

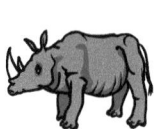

le rhinocéros

tshukudu

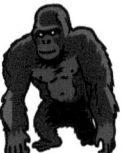

le gorille

tshweni

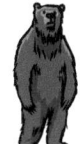

l'ours

bera

le chameau

kamela

l'autruche

kalakune

le lion

tau

le singe

tshwene

le flamand rose

flamingo

le perroquet

papalagae

l'ours polaire

bera e e dulang ko lefelong
le le tsididi thata

le pingouin

nonyane tsa lewatle

le requin

leruarua

le paon

phikoko

le serpent

noga

le crocodile

kwena

le gardien de zoo

motlhokomedi wa
diphologolo

le phoque

sili

le jaguar

katse

le poney

petsana

le léopard

lengau

l'hippopotame

tshukudu

la girafe

thutlwa

l'aigle

ntsu

le sanglier

dikolobe tsa naga

le poisson

tlhapi

la tortue

khudu

le morse

walrus

le renard

ntja ya naga

la gazelle

tshephe

l'american Football
kgwele ya dinao ya Amerika

le cyclisme
motshameko wa baesekele

le tennis
tenese

le basket-ball
baseketebolo

la natation
thuma

la boxe
motshameko wa go lwa ka diatla

le hockey sur glace
hockey ya mo aeseng

le football
kgwele ya dinao

le badminton
badminthone

l'athlétisme
atletiki

le handball
kgwele ya diatla

le ski
skiing

le polo
polo

rire
tshega

sauter
tlola

embrasser
tlamparela

marcher
tsamaya

chanter
opela

rêver
lora

prier
rapela

faire la bise
atla

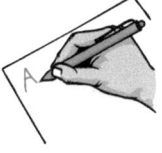

écrire
kwala

dessiner
torowa

montrer
bontsha

pousser
kgorometsa

donner
naya

prendre
tsaya

avoir
....
go nna

faire
....
dira

être
....
nna

être debout
....
ema

courir
....
taboga

trier
....
goga

jeter
....
latlha

tomber
....
wa

être couché
....
maaka

attendre
....
ema

porter
....
tsholetsa

être assis
....
dula

s'habiller
....
apara

dormir
....
robala

se réveiller
....
tsoga

regarder	pleurer	caresser
leba	lela	thuma ka lemorago

peigner	parler	comprendre
kama	bua	tlhaloganya

demander	écouter	boire
botsa	reetsa	nwa

manger	ranger	aimer
ja	phepafatsa	lorato

cuire	conduire	voler
apaya	kgweetsa	fofa

faire de la voile
seila

calculer
khalkhuleitara

lire
bala

apprendre
ithute

travailler
dira

se marier
nyala

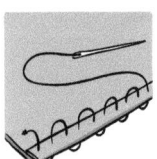

coudre
roka

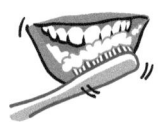

brosser les dents
tlhapa meno

tuer
bolaya

fumer
tsuba

envoyer
romela

grand-mère
nemogolo

le grand-père
rremogolo

le père
rre

la mère
mme

le bébé
ngwana

la fille
morwadi

le fils
morwa

l'hôte

moeng

la tante

mmangwane

l'oncle

malome

le frère

abuti

la sœur

ausi

le corps

mmele

le front
phatlha
l'œil
leitlho
l'épaule
legetla
le doigt
monwana
le visage
sefatlhego
le menton
seledu
la main
seatla
la jambe
leoto
la poitrine
letsele
le bras
letsogo

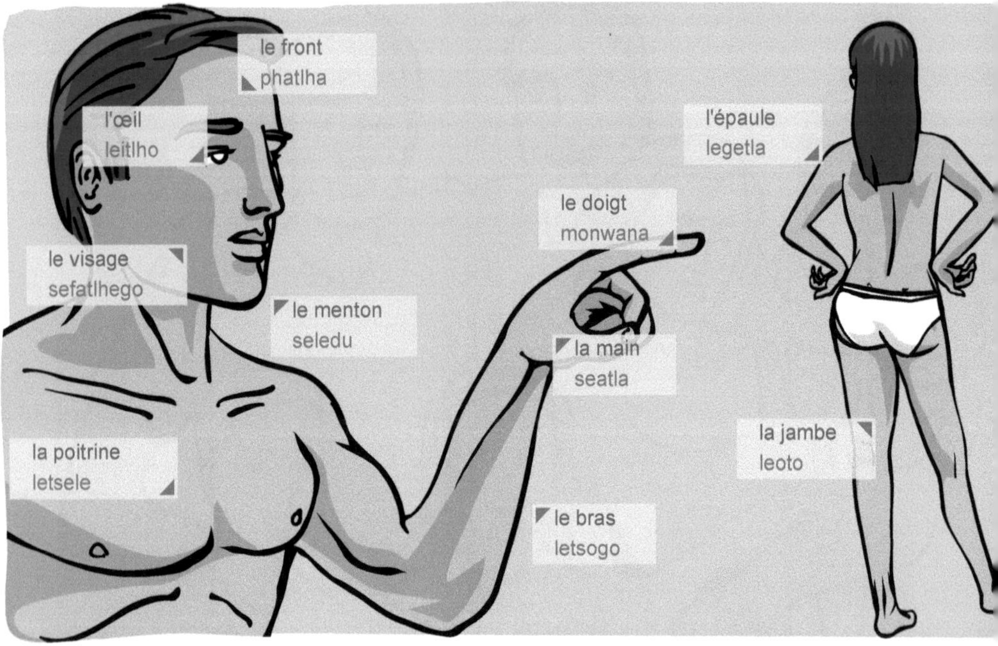

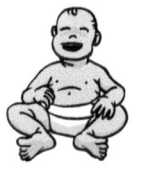

le bébé

ngwana

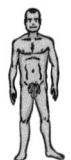

l'homme

monna

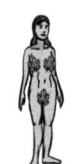

la femme

mosadi

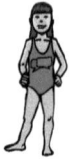

la fille

mosetsana

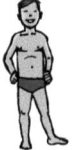

le garçon

mosimane

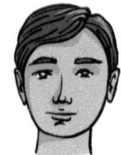

la tête

tlhogo

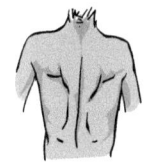

le dos

mokwatla

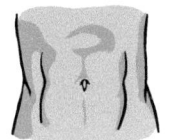

le ventre

mpa

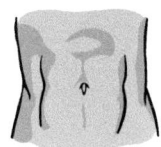

le nombril

khubu

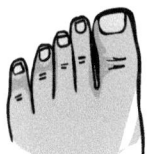

l'orteil

monwana

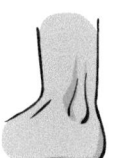

le talon

serethe

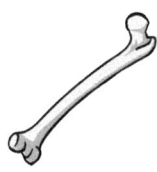

l'os

lerapo

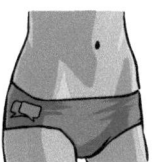

la hanche

letheka

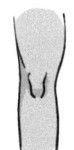

le genou

lengole

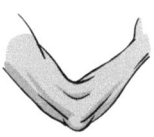

le coude

sekgono

le nez

nko

les fesses

ko tlase

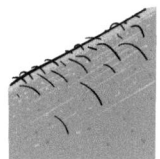

la peau

letlalo

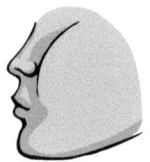

la joue

lerama

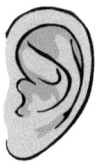

l'oreille

tsebe

la lèvre

pounama

la bouche
molomo

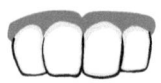

la dent
leino

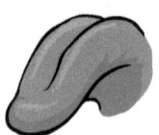

la langue
loleme

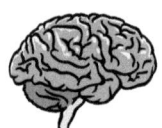

le cerveau
boboko

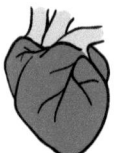

le cœur
pelo

le muscle
maatla

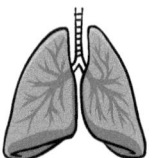

les poumons
lekgwafo

le foie
sebete

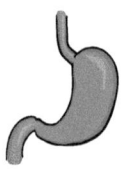

l'estomac
mala

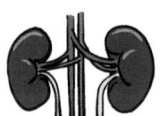

les reins
diphio

le rapport sexuel
bong

le préservatif
mosomelwana

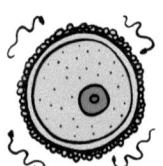

l'ovule
sebelegi sa ngwana

le sperme
semen

la grossesse
moimana

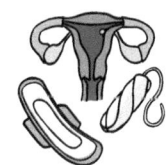

la menstruation
....
mako tsa go tla ka kgwedi
tsa basadi

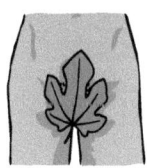

le vagin
....
serwe sa mosadi

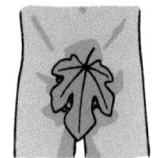

le pénis
....
serwe sa monna

le sourcil
....
dintshi

les cheveux
....
moriri

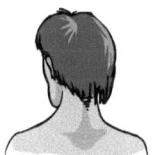

le cou
....
thamo

l'hôpital
sepetlele

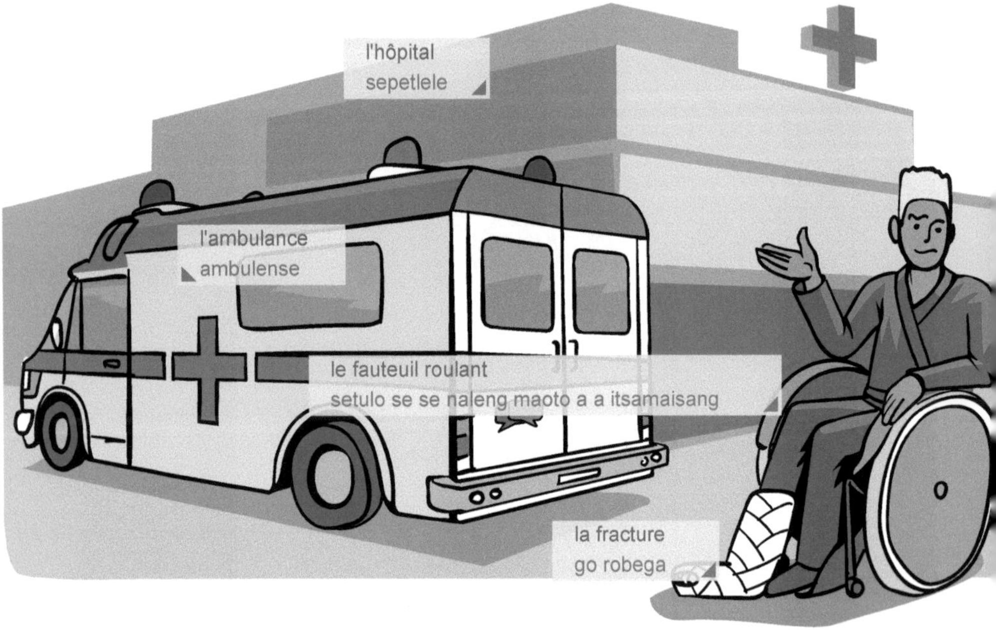

l'hôpital
sepetlele
l'ambulance
ambulense
le fauteuil roulant
setulo se se naleng maoto a a itsamaisang
la fracture
go robega

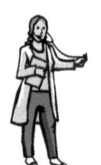

le médecin

ngaka

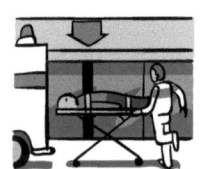

le service des urgences

phaphosi ya tshoganyetso

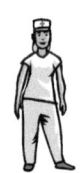

l'infirmière

mooki

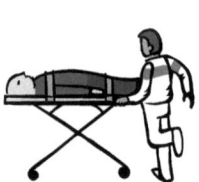

l'urgence

tshoganyetso

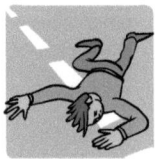

inconscient

idibala

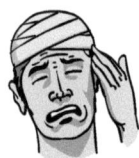

la douleur

setlhabi

la blessure

kgobalo

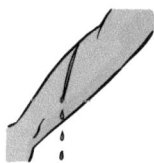

l'hémorragie

go dutla madi

la crise cardiaque

tlhaselo ya pelo

l'attaque cérébrale

setorouko

l'allergie

bolwetsi

la toux

go gotlhola

la fièvre

fulu

la grippe

fulu

la diarrhée

letshololo

le mal de tête

opiwa ke tlhogo

le cancer

kankere

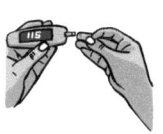

le diabète

sukiri ya mmele

le chirurgien

moari

le scalpel

sekalepele

l'opération

karo

le CT

CT

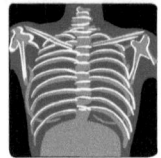

la radiographie

x-ray

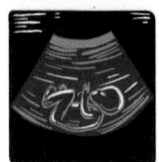

l'échographie

motšhini wa go leba mo mpeng

le masque

sesira sefatlhego

la maladie

twatsi

la salle d'attente

phaposi boletelo

la béquille

dithobane

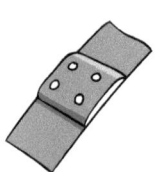

le pansement

polasetara

le pansement

sefapho

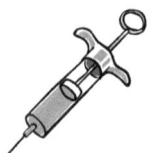

l'injection

lemao

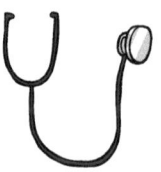

le stéthoscope

setetosekoupu

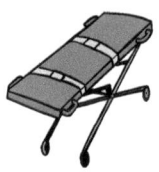

le brancard

seteretšhara

le thermomètre

themometara ya bongaka

l'accouchement

pelegi

la surcharge pondérale

bokima jwa mmele

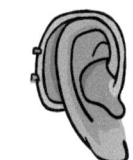

l'appareil auditif

sedirisiwa sa go thusa go
utlwa

le désinfectant

sesireletsa dintho

l'infection

tshwaetso

le virus

mogare

le VIH / le sida

HIV / AIDS

le médicament

melemo

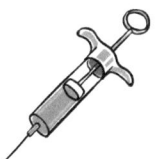

la vaccination

mokento

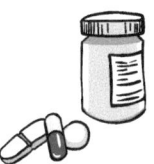

les comprimés

thabolete

la pilule

pilisi

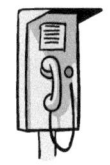

l'appel d'urgence

mogala wa tshoganyetso

le tensiomètre

motšhini wa go ela tlhoko
kgatelelo ya madi

malade / sain

lwala / itekanetse

Au secours ! Thusa!	 l'alarme alamo	 l'assaut tshotlako
 l'attaque tlhasela	 le danger kotsi	 la sortie de secours kgoro ya tshoganyetso
Au feu! Molelo!	 l'extincteur setima moleleo	 l'accident kotsi
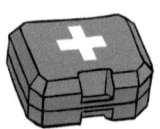 la trousse de premier secours khiti ya go thusa ka dikgobalo	 SOS SOS	 la police lepodisi

l'Europe

Yuropa

l'Amérique du Nord

Bokone jwa Amerika

l'Amérique du Sud

Borwa jwa Amerika

l'Afrique

Aforika

l'Asie

Asia

l'Australie

Australia

l'Océan atlantique

Atlantic

l'Océan pacifique

Pacific

l'Océan indien

Lewatle la India

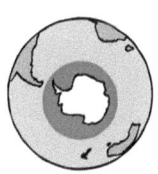

l'Océan antarctique

Lewatle la Antarctic

l'Océan arctique

Lewatle la Arctic

le Pôle nord

Bokone

le Pôle sud

Borwa

l'Antarctique

Antartica

la terre

Lefatshe

le pays

lefatshe

la mer

lewatle

l'île

losi lwa lewatle

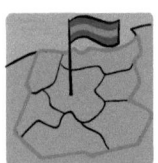

la nation

lotso

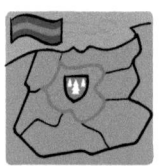

l'état

boemo

le cadran

lentle la tshupanako

l'aiguille des heures

letsogo la ura

l'aiguille des minutes

letsogo la metsotso

l'aiguille des secondes

letsogo la metsotswana

Quelle heure est-il ?

ke nako mang?

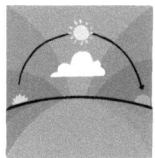

le jour

letsatsi

le temps

nako

maintenant

go ne jaanong

la montre digitale

tshupanako ya dijithale

la minute

metsotso

l'heure

ura

la semaine

beke

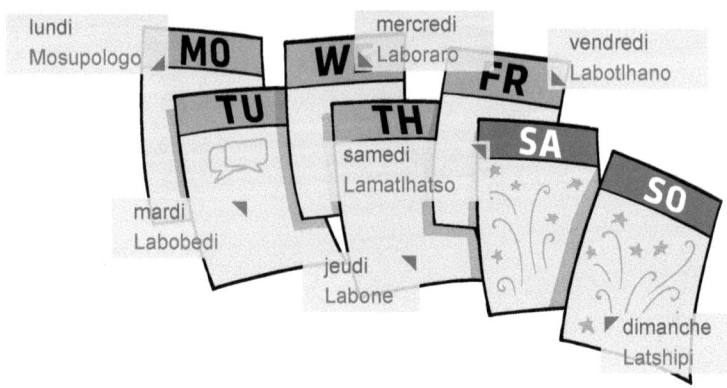

lundi
Mosupologo

mercredi
Laboraro

vendredi
Labotlhano

mardi
Labobedi

samedi
Lamatlhatso

jeudi
Labone

dimanche
Latshipi

hier

maabane

aujourd'hui

gompieno

demain

kamoso

le matin

moso

le midi

thapama

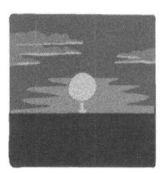

le soir

maitseboa

les jours ouvrables

malatsi a tiro

le week-end

mafelo a beke

l'année
ngwaga

la pluie
pula
l'arc-en-ciel
motshe wa badimo
la neige
letlhwa
le vent
phefo
le printemps
dikgakologo
l'automne
letlhafula
l'été
selemo
l'hiver
mariga

4.APRIL 11°
5.APRIL 4°
6.APRIL 13°
7.APRIL 8°
8.APRIL 10°

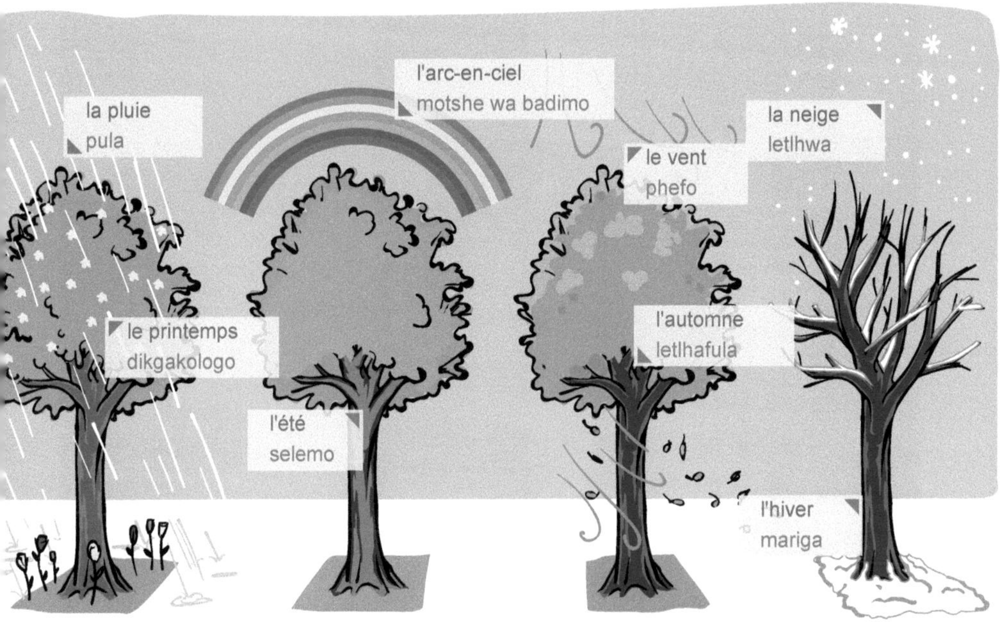

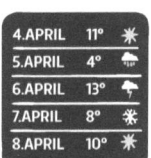

la météo
botsogo jwa loapi

F C
120 90 60 30 0 -30
40 30 20 10 0 -10 -20

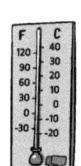

le thermomètre
themomithara

la lumière du soleil
letsatsi

le nuage
leru

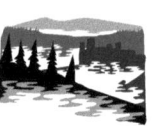

le brouillard
mouwane

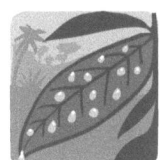

l'humidité
humidity

la foudre

legadima

la tonnerre

modumo wa maru

la tempête

matsubutsubu

la grêle

sefako

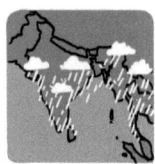

la mousson

monsoon

l'inondation

morwalela

la glace

aese

janvier

Ferikgong

février

Tlhakole

mars

Mopitlwe

avril

Moranang

mai

Motsheganong

juin

Seetebosigo

juillet

Phukwi

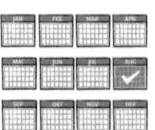

août

Phatwe

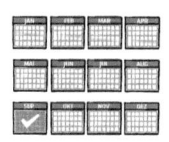

septembre

Lwetse

octobre

Diphalane

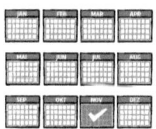

novembre

Ngwanaatsele

décembre

Sedimonthole

les formes
dipopego

le cercle

kgolokwe

le carré

khutlonne

le rectangle

khutlonnetsepa

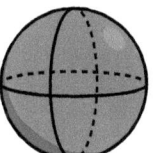

le triangle

khutlotharo

la sphère

khutlo

le cube

khiubu

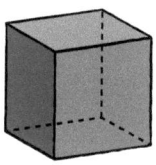

les couleurs

mebala

blanc

tshweu

jaune

serolwana

orange

mmala wa namune

rose

pinki

rouge

khibidu

violet

bohibidu jo bo mokgona

bleu

pududu

vert

tala

marron

tshetlha

gris

tshetlha

noir

ntsho

beaucoup / peu

go le gontsi / go nnye

fâché / calme

go kwata / go ritibala

joli / laid

montle / maswe

le début / la fin

tshimologo / bofelo

grand / petit

tonna / nnyane

clair / obscure

lesedi / lefifi

frère / soeur

abuti / ausi

propre / sale

phepa / leswe

complet / incomplet

feletse / go sa felela

le jour / la nuit

motshegare / bosigo

mort / vivant

o sule / o a tshela

large / étroit

bophara / tshesane

comestible / incomestible
....
ya jega / ga e jege

méchant / gentil
....
bosula / molemo

excité / ennuyé
....
go itumela thata / go se itumele

gros / mince
....
nonne / tshesane

le premier / le dernier
....
ntlha / bofelo

l'ami / l'ennemi
....
tsala / sera

plein / vide
....
tletse / lolea

dur / souple
....
thata / bonolo

lourd / léger
....
bokete / motlhofo

faim / soif
....
tlala / lenyora

malade / sain
....
lwala / itekanetse

illégal / légal
....
dumelesega / dumeletswe

intelligent / stupide
....
botlhale / sematla

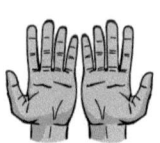

gauche / droite
....
molema / moja

proche / loin
....
gaufi / kgakala

nouveau / usé

sesha / ya kgale

rien / quelque chose

sepe / sengwe

vieux / jeune

mogolo / mosha

marche / arrêt

tsenya / tima

ouvert / fermé

bula / tswetswe

faible / fort

tidimalo / modumo

riche / pauvre

khumo / lehuma

correct / incorrect

siame / phoso

rugueux / lisse

ditlhotlhori / borethe

triste / heureux

hutsafetse / itumetse

court / long

khutshwane / telele

lent / rapide

bonya / bonako

mouillé / sec

metsi / omile

chaud / froid

mololo / tsididi

la guerre / la paix

ntwa / kagiso

les oppositions - ganetsa

les nombres

dipalo

0

zéro

lefela

1

un / une

nngwe

2

deux

pedi

3

trois

tharo

4

quatre

nne

5

cinq

tlhano

6

six

thataro

7

sept

supa

8

huit

robedi

9

neuf

robonngwe

10

dix

lesome

11

onze

some nngwe

12

douze

some pedi

13

treize

some tharo

14

quatorze

some nne

15

quinze

some tlhano

16

seize

some thataro

17

dix-sept

some supa

18

dix-huit

some robedi

19

dix-neuf

some robonngwe

20

vingt

masomamabedi

100

cent

lekgolo

1.000

mille

sekete

1.000.000

le million

milione

les langues

dipuo

l'anglais

Sejatlhapi

l'anglais américain

Sejatlhapi sa Amerika

le chinois mandarin

se-China

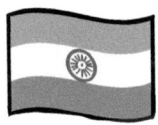

le hindi

se-Hindi

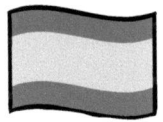

l'espagnol

se-Spanish

le français

se-For a

l'arabe

se-Araba

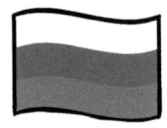

le russe

se-Russia

le portugais

se-Potokisi

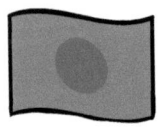

le bengali

se-Bengali

l'allemand

se-Jeremane

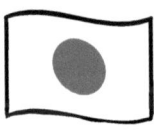

le japonais

se-Japane

je

Nna

tu

wena

il / elle / ce, c', cela

ene / ene / sone

nous

re

vous

wena

ils / elles

bone

Qui ?

mang?

Quoi ?

eng?

Comment ?

jang?

Où ?

kae?

Quand ?

leng?

le nom

leina

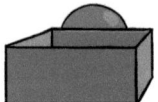

derrière

mo morago

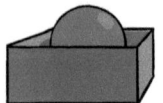

dans

mo

devant

fa pele ga

au-dessus

godimo

sur

mo

en-dessous

fa tlase

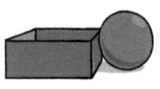

à côté de

mo thoko

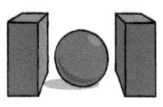

entre

magareng

le lieu

lefelo